Eduardo Vetillo

# TATE REI

## Revolta em Paty

São Paulo - 2ª edição - 2018

PALAVRAS

Copyright © Eduardo Vetillo, 2018

# PALAVRAS

## Editorial
Ana Paula Piccoli, Cândido Grangeiro,
Cris Silvério, Ingrid Lourenço, Mariane Mammana

## Coordenação Editorial
Caraminhoca

## Arte e capa
Eduardo Vetillo

## Digitalização e tratamento de imagens
Pix Art

---

Dados Internacionais de Catalogação na Publicação (CIP)
(Câmara Brasileira do Livro, SP, Brasil)

---

V588t    Vetillo, Eduardo
          Tate-Rei: Revolta em Paty / Eduardo Vetillo. - 2.ed. -
São Paulo : Palavras Projetos Editoriais, 2018.
          48 p. : il. ; 20,5cm x 27,5cm.

          ISBN 978-85-92590-29-1

          1. Literatura infantojuvenil. I. Título.

                                    CDD 028.5
2018-1077                             CDU 82-93

---

Elaborado por Odilio Hilario Moreira Junior - CRB-8/9949

Índice para catálogo sistemático:
1. Literatura infantojuvenil   028.5
2. Literatura infantojuvenil   82-93

---

2ª edição: 2018
Todos os direitos reservados a:
Palavras Projetos Editoriais Ltda.
Rua Padre Bento Dias Pacheco, 62
Pinheiros – São Paulo – CEP: 05427-070
Telefone: +55 11 3673-9855
palavraseducacao.com.br

# TEMPO DE ESCRAVIDÃO...

Em 1838, 16 anos depois de declarada a independência do país, a sociedade brasileira vivia um cenário conturbado. Ocorriam inúmeros conflitos, com intensa disputa pelo poder entre os grupos de elite, inclusive havendo o risco de o território se fragmentar.

Em várias províncias, grupos populares rebelavam-se contra a ordem estabelecida.

A estabilidade no país só seria conquistada na década de 1840. Para isso foi fundamental o fortalecimento de uma nova atividade econômica: o café, que começava a ser largamente consumido em várias partes do mundo, em especial nos Estados Unidos e na Europa.

As serras fluminenses, ao redor do Rio de Janeiro, à época capital do país, foram os primeiros locais a serem ocupados pelas fazendas de café. Como ocorria em todo o restante do país, os africanos escravizados eram a principal força de trabalho, convivendo com a falta de liberdade, a pesada rotina de serviços e uma profunda interferência dos senhores em seu cotidiano.

Sobravam tensões e o clima de revolta era permanente...

Pessoas escravizadas carregam café, imagem de Jean Baptiste Debret, 1827.

Carlos Eugênio Marcondes de Moura. *A travessia da Kalunga Grande*, p. 392

AFASTEM-SE!!
VOLTEM PARA A SENZALA!
MORTE AO FEBRÔNIO!

CALMA, IRMÃOS, RECOLHAM AS ARMAS E OBEDEÇAM AO CAPATAZ!

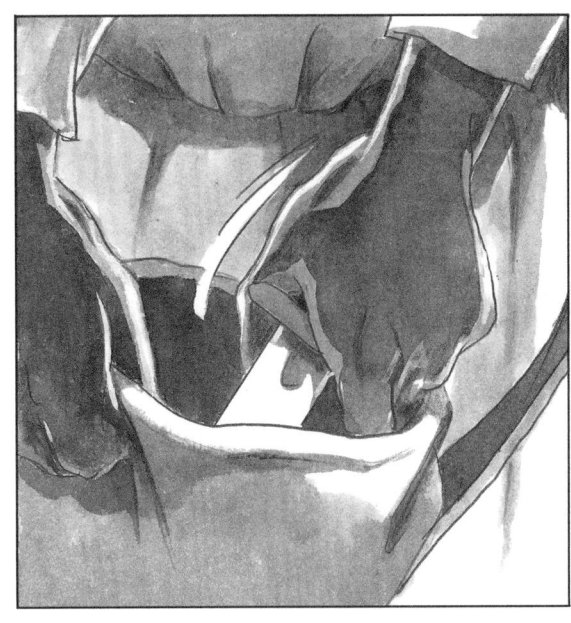

AS PORTAS SÃO ABERTAS E OS ESCRAVOS, SILENCIOSAMENTE, DEIXAM A SENZALA...

*EM POUCAS HORAS, GUARNIÇÕES DAS VILAS VIZINHAS SE JUNTAM ÀS DE VALENÇA...*

**TENENTE, DISTRIBUA A TROPA E AVANCE EM DIREÇÃO À SERRA DA ESTRELA!**

*FORTEMENTE ARMADA, A TROPA ADENTRA A MATA...*

> SENZALA DA FAZENDA FREGUESIA...

> ESTÃO SOLTANDO QUASE TODOS.

> JÁ ERA ESPERADO. CARECEM DO NOSSO BRAÇO NA LAVOURA.

> E QUANTO A NÓS, TATE-REI?

> PREFIRO A MORTE, EPIFÂNIO...

> ... AO CATIVEIRO!

MANHÃ DE 31 DE JANEIRO DE 1839. O TRIBUNAL SE REUNIU NA PRAÇA DA CONCÓRDIA DA VILA DE VASSOURAS.

— CONDENO OS SETE RÉUS AQUI DENUNCIADOS A 650 AÇOITES CADA UM E A TRÊS ANOS COM GONZO DE FERRO NO PESCOÇO.

— QUANTO ÀS MULHERES ENVOLVIDAS...

— ... EU AS ABSOLVO. E CONDENO O RÉU...

— ... MANUEL CONGO, LÍDER DO LEVANTE, À FORCA, PARA CUMPRIR SUA "PENA DE MORTE PARA SEMPRE"!

ALGUMAS DÉCADAS DEPOIS...

É ELE! O TATE-REI!

ELE VOLTOU, JUSTINA! O TATE-REI VOLTOU!

SERIA MUITO BOM, DONA MARIANNA. MAS VENHA, A SENHORA PRECISA DESCANSAR...

FIM

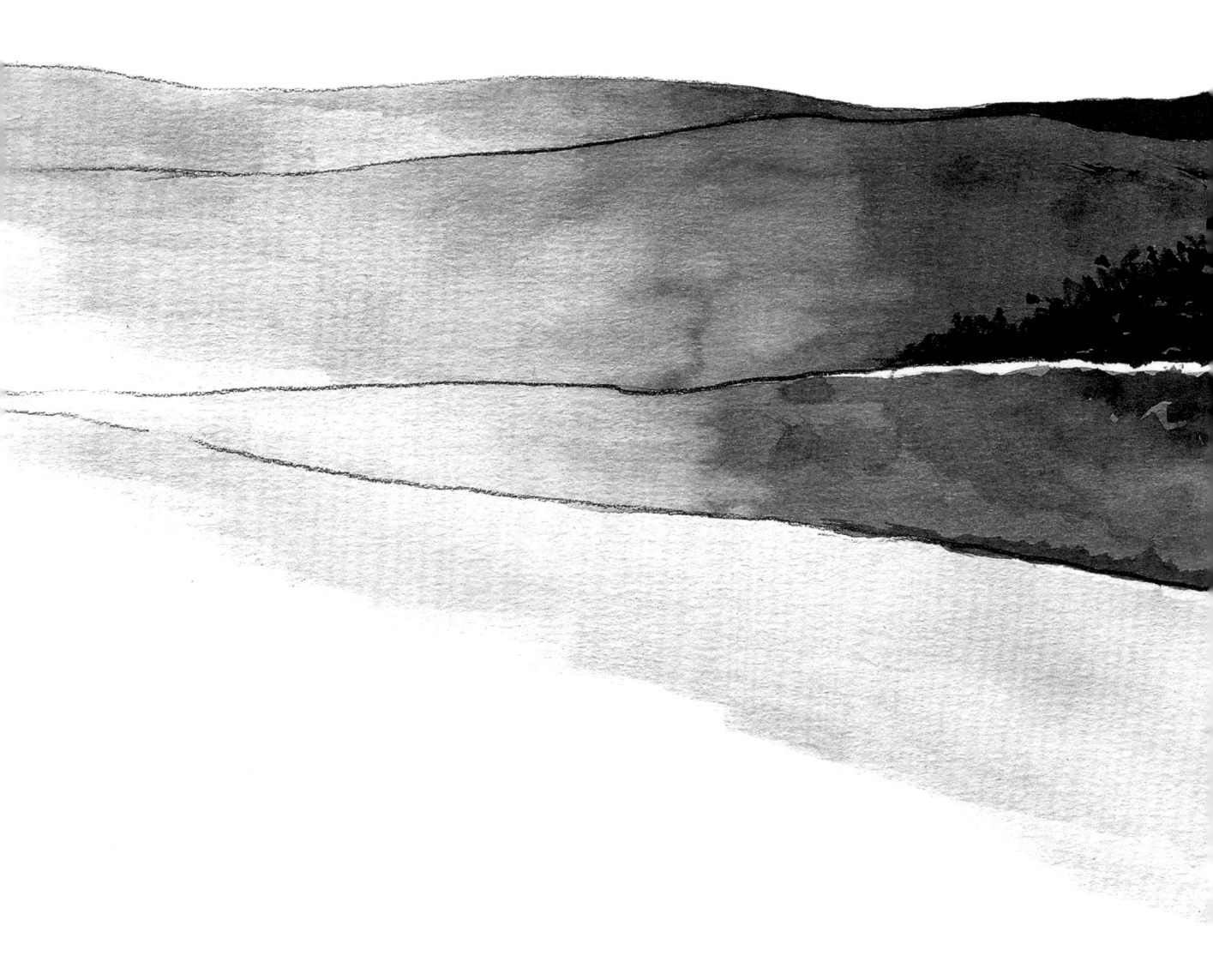

# DIÁLOGOS ENTRE HISTÓRIAS

Nas terras do atual Brasil, por quase 400 anos, os africanos escravizados e seus descendentes foram a principal força de trabalho. Fizeram por aqui de tudo, um muito: no campo, na cidade, na casa dos senhores.

Estima-se que para cá foram trazidos, à força, mais de quatro milhões de africanos. A guerra era a principal forma de obter pessoas a serem escravizadas. Antes de ser embarcado para a América, o preso permanecia alguns dias em feitorias, onde recebia o batismo e um nome cristão, acompanhado pelo do local de embarque. Se tornava assim pelo restante da vida em João Cabinda, Maria Congo, José Mina...

A viagem pelo Atlântico durava cerca de 35 dias. Aquele que sobrevivia precisava reconstruir a vida em terra distante e hostil, privado de liberdade, longe de parentes e amigos, sem domínio da língua e dos costumes locais.

Na América, a maior parte dos cativos seguia para o trabalho no campo. Para adaptar-se à nova realidade, era fundamental a amizade com aqueles que estavam aqui havia mais tempo. Eram eles que apresentavam o novo local de moradia, a rotina de trabalho, os costumes e, principalmente, os rígidos métodos de vigilância e castigo.

A rotina de trabalho, nas fazendas de café, começava antes do nascer do dia e se arrastava até depois do pôr do sol. Era acordar e seguir rápido para o pátio da fazenda, para receber as ordens do dia. Só depois vinha a primeira refeição: café ralo, rapadura e, vez por outra, o angu que sobrara do dia anterior.

Festa de Nossa Senhora do Rosário, considerada padroeira dos africanos e de seus descendentes. Imagem de Johann Moritz Rugendas, 1835.

Partia-se para a roça em pequenos grupos e o trabalho acontecia em ritmo acelerado, ao som de músicas cantadas em língua africana e sob o severo olhar do feitor. As refeições eram feitas ali mesmo. Comia-se angu, feijão com toucinho e legumes. Ao final do dia, era voltar para a senzala, local de moradia das pessoas escravizadas, cujo nome vinha das línguas africanas banto e significava povoado.

Apesar da vigilância, da falta de liberdade e da opressão, as senzalas tornaram-se locais importantes para os africanos escravizados e seus descendentes. A convivência ali era intensa, recriando-se vários costumes africanos. Formavam-se, por exemplo, extensas famílias iguais às da terra de origem, com muitas pessoas unidas pela afetividade, a se ajudar e a se proteger.

Colheita de café, imagem de Johann Moritz Rugendas, 1835. Observe ao fundo paisagens da cidade do Rio de Janeiro.

Nas terras do atual Brasil, a busca pela liberdade sempre foi uma constante. Não raro os africanos e seus descendentes fugiam e construíam quilombos; também se rebelavam, chegando inclusive a destruir as propriedades e a matar os senhores. O mais comum, porém, era buscar a ampliação do espaço de liberdade no próprio cotidiano.

Era frequente que aqueles que casassem, por exemplo, recebessem do senhor o direito de construir sua casa em parte da propriedade, longe do olhar vigilante dos feitores e com espaço para plantar e criar pequenos animais. Com isso podiam melhorar a alimentação, mas também vender o que sobrava, para assim juntar dinheiro e comprar a liberdade.

A Revolta em Paty, em grande medida, revela diversos aspectos dessa ordem escravocrata, que esparrama seus sinais até os dias de hoje na sociedade brasileira e nos impõe um enorme desafio, o de construir um país menos desigual e mais justo para todos, negros e brancos, homens e mulheres.

# Dando traços à história

A literatura é a expressão da arte que permite elaborar inúmeros caminhos para se fazer existir. No caso das HQs (Histórias em Quadrinhos), trata-se de uma linguagem que tem muita história e que nem sempre foi bem aceita no âmbito da escola formal. Durante muito tempo, ela ficou quase que escondida no meio dos livros que ensinavam o que se acreditava que deveria ser aprendido. Ainda bem que os tempos mudaram, e muito. Hoje, estudar textos em HQs, é bem mais comum e entrou – com todo direito – no foco dos estudos que buscam incentivar as práticas de leitura e ampliar o acesso aos textos literários, históricos e informativos.

No caso de *Tate-Rei: Revolta em Paty*, o autor Eduardo Vetillo nos leva a conhecer e, por que não, na qualidade de leitores, vivenciar um período distante e muito diverso do nosso tempo. Período determinante para pensar quem somos e o que nos levou a sermos assim. Essa reflexão é imprescindível se quisermos tomar as rédeas do nosso momento histórico e se desejarmos que algumas coisas não se repitam em nosso presente e muito menos no futuro.

A pesquisa para a construção desta HQ foi profunda e reuniu muitas leituras e observações do trabalho de desenhistas da época em que se passa a história. A criação de um roteiro a partir do conhecimento aprendido na pesquisa é fundamental para que a obra possa se aproximar dos acontecimentos do nosso passado.

Os esboços aqui apresentados são uma ínfima parte do tanto que se rabiscou e se riscou para se poder chegar ao produto acabado que é este volume. A história de Tate pode ser um espelho para podermos nos mirar e refletir sobre qual o país que desejamos para nós mesmos e para as futuras gerações. Aproveitemos esse mergulho pelo passado e vivenciemos esse momento tão significativo de nossa história.

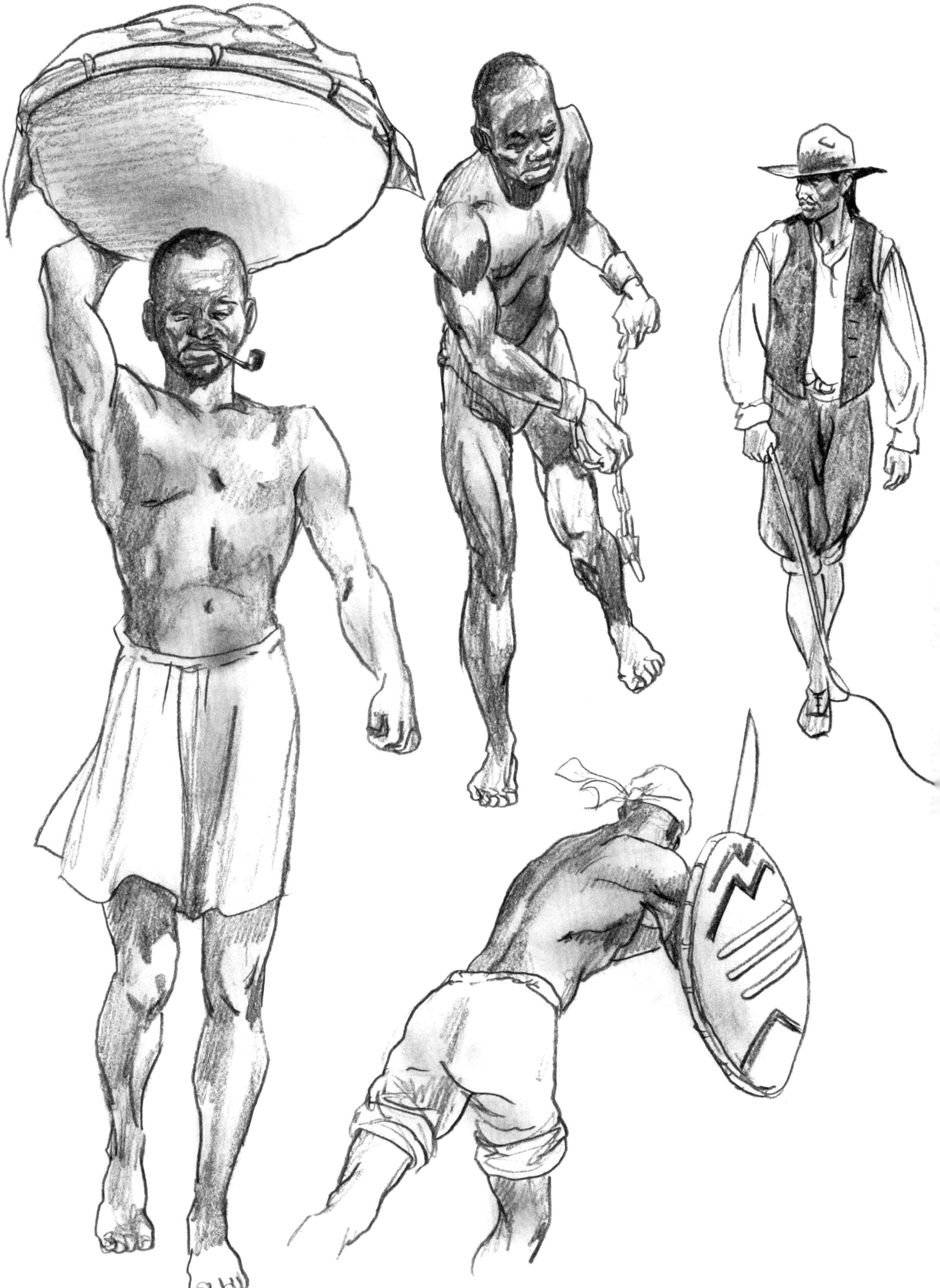

Manoel Francisco Xavier

Francisca Elisa Xavier

Marianna Crioula

Manuel Congo

Capataz da Fazenda

Fazenda Freguesia

# Eduardo Vetillo

A história em quadrinhos está em minha vida há mais de 40 anos. Já fiz muitos trabalhos divertidos, com super-heróis, ação e boas aventuras. Mas transpor a História do Brasil para quadrinhos tem sabor especial.

Temos, afinal, personagens incríveis e enredos empolgantes, todo um passado que nos torna únicos neste mundo, senhores de vultosos recursos e imensos desafios para fazer daqui um lugar bem bacana para todos nós.

*Tate-Rei: Revolta em Paty* é mais um desses trabalhos, em que conto, por meio dos desenhos e dos textos escritos, uma rebelião de trabalhadores escravizados – os africanos e seus descendentes – contra as desumanas condições que enfrentavam nestas terras.

É mesmo um convite para pensar nessas terras, em sua gente e no futuro que desejamos para cada brasileiro.